# PROJET

D'UNE

# LÉGENDE INTERNATIONALE

POUR LES

## CARTES ARCHÉOLOGIQUES PRÉHISTORIQUES

---

## RAPPORT

PRÉSENTÉ

AU CONGRÈS INTERNATIONAL D'ANTHROPOLOGIE & D'ARCHÉOLOGIE

PRÉHISTORIQUES

— SESSION DE STOCKHOLM —

PAR

ERNEST CHANTRE

---

AVEC UNE CARTE PALÉOETHNOLOGIQUE D'UNE PARTIE DU BASSIN DU RHONE

---

LYON
IMPRIMERIE PITRAT AINÉ
RUE GENTIL, 4
—
1874



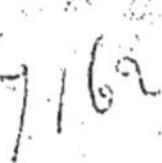

# PROJET

D'UNE

# LÉGENDE INTERNATIONALE

POUR

## LES CARTES ARCHÉOLOGIQUES PRÉHISTORIQUES

## DU MÊME AUTEUR

**ÉTUDES PALÉOETHNOLOGIQUES OU RECHERCHES GÉOLOGICO-ARCHÉOLOGIQUES SUR L'INDUSTRIE ET LES MŒURS DE L'HOMME DES TEMPS ANTÉHISTORIQUES DE L'AGE DE LA PIERRE DANS LE NORD DU DAUPHINÉ ET LES ENVIRONS DE LYON.** Lyon, 1867. 1 vol. gr. in-4°, avec planches.

**NOUVELLES ÉTUDES PALÉOETHNOLOGIQUES.** Lyon, 1868. Brochure grand in-4° avec planches.

**NOTICE HISTORIQUE SUR LA VIE ET LES TRAVAUX DE J. J. FOURNET, PROFESSEUR A LA FACULTÉ DES SCIENCES DE LYON, CORRESPONDANT DE L'INSTITUT.** Lyon, 1870.

**RAPPORT A M. BELGRAND, PRÉSIDENT DE LA SOCIÉTÉ GÉOLOGIQUE DE FRANCE, SUR LE TRACÉ D'UNE CARTE GÉOLOGIQUE DU TERRAIN ERRATIQUE ET SUR LA CONSERVATION DES BLOCS ERRATIQUES DE LA PARTIE MOYENNE DU BASSIN DU RHONE**, par MM. ALBERT FALSAN et ERNEST CHANTRE. Paris, 1869.

**LES PALAFITTES OU CONSTRUCTIONS LACUSTRES DU LAC DE PALADRU, PRÈS VOIRON (ISÈRE).** Une brochure in-4° et un album in-folio de 14 planches. Chambéry et Grenoble, 1871.

**LE MÊME.** Deuxième édition, in-folio et in-8. Lyon, 1874.

**DÉCOUVERTE D'UN TRÉSOR DE L'AGE DU BRONZE, A RÉALON** (HAUTES-ALPES). In-8, avec planches. Annecy, 1872.

**NOTE SUR LA FAUNE DU LEHM DE SAINT-GERMAIN AU MONT-D'OR (RHONE) ET SUR L'ENSEMBLE DE LA FAUNE QUATERNAIRE** (*Compte rendu de l'Académie des Sciences*, 23 *décembre* 1873.)

**L'AGE DU BRONZE DANS LE BASSIN DU RHONE ET PASSAGE DE L'AGE DU BRONZE AU PREMIER AGE DU FER.** In-8° avec planches. (Extrait du *Compte rendu du Congrès international d'anthropologie et d'archéologie préhistoriques de Bologne*, 1871.)

**ÉTUDES PALÉONTOLOGIQUES DANS LE BASSIN DU RHONE** (PÉRIODE QUATERNAIRE), par MM. le Dr LORTET et E. CHANTRE. (*Archives du Muséum d'histoire naturelle de Lyon*. In-4° avec 15 planches. Lyon, 1872 et 1874.)

**LES FAUNES MAMMALOGIQUES TERTIAIRE ET QUATERNAIRE DU BASSIN DU RHONE.** (*Extrait du Compte rendu de la deuxième session de l'Association française pour l'avancement des sciences*. Lyon, 1874.)

**CARTE ARCHÉOLOGIQUE D'UNE PARTIE DU BASSIN DU RHONE, POUR LES TEMPS PRÉHISTORIQUES A L'ÉCHELLE DE** $\frac{1}{864000}$ Lyon, 1874.

**ÉTUDES PALÉOETHNOLOGIQUES DANS LE BASSIN DU RHONE. — AGE DU BRONZE.** In-4, avec un album in-folio. (*Sous Presse.*)

— — **PREMIER AGE DU FER.** In-4, avec album in-folio. (*En préparation.*)

# PROJET

D'UNE

# LÉGENDE INTERNATIONALE

POUR LES

## CARTES ARCHÉOLOGIQUES PRÉHISTORIQUES

RAPPORT

PRÉSENTÉ

AU CONGRÈS INTERNATIONAL D'ANTHROPOLOGIE & D'ARCHÉOLOGIE

PRÉHISTORIQUES

— SESSION DE STOCKHOLM —

PAR

ERNEST CHANTRE

AVEC UNE CARTE PALÉOETHNOLOGIQUE D'UNE PARTIE DU BASSIN DU RHONE

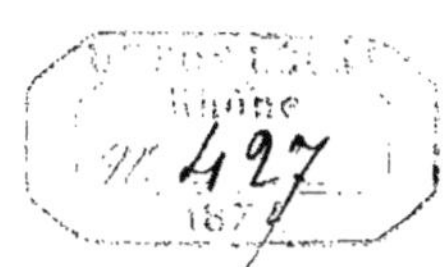

LYON

IMPRIMERIE PITRAT AINÉ

RUE GENTIL, 4

1874

# PROJET

D'UNE

# LÉGENDE INTERNATIONALE

POUR

## LES CARTES ARCHÉOLOGIQUES, PRÉHISTORIQUES

L'utilité des cartes archéologiques a été reconnue depuis longtemps par tous ceux qui s'occupent de l'histoire primitive de leur pays, mais jusqu'à ce jour il n'a été dressé qu'un très-petit nombre de ces cartes.

La plupart de celles qui ont été publiées peuvent être plutôt considérées comme des tableaux statistiques que comme des cartes archéologiques, par suite de la multiplicité des documents d'époques diverses que l'on a voulu y représenter. Le mélange des signes conventionnels, destinés à indiquer les monuments et les antiquités préhistoriques avec ceux des époques historiques ou même géologiques, nuit considérablement à leur clarté. Ces imperfections jointes à la trop grande diversité des systèmes adoptés dans les légendes sont en partie les causes de la pénurie de cartes archéologiques que je signale, car ces difficultés ont fait renoncer beaucoup d'archéologues à ce genre de travail, généralement très-aride par lui-même. Ces mêmes inconvénients n'ont pas permis aussi aux cartes que nous possédons de rendre tout le service que l'on pouvait en attendre ; plusieurs d'entre elles sont cependant très-remarquables et l'exactitude du plus grand nombre est incontestable. Il serait donc fâcheux de négliger plus longtemps ce système de publication, renfermant quelquefois des séries importantes de documents.

Ces considérations ont porté la Section archéologique de la Société scientifique de Cracovie à s'occuper d'un travail relatif à la confection de cartes archéologiques d'un usage pratique et offrant un caractère d'*internationalité*.

Cette Société ayant reconnu la nécessité de séparer entièrement l'archéologie préhistorique des époques subséquentes, une Commission spéciale fut chargée de ce travail pour les temps préhistoriques, et M. le comte Alex. Przezdziecki fut nommé président de cette Commission.

Ce savant archéologue, dont nous avons à regretter la perte, a présenté à la cinquième section du Congrès international d'anthropologie et d'archéologie préhistoriques, tenu en 1871 à Bologne, un rapport très-complet sur les résultats des travaux de cette Commission ; ce rapport est inséré dans le compte rendu de cette session.

Le projet présenté par les archéologues de Cracovie fut pris en considération, et l'assemblée chargea le bureau de nommer une Commission internationale pour en étudier la valeur et en préparer l'exécution. Elle fut composée de MM. E. Cartailhac, C. Marinoni, J. da Silva, H. Hildebrand, comte A. Przezdziecki, V. Schmidt, comte G. Wurmbrand.

Le promoteur de cette proposition étant mort peu de temps après la session de Bologne, la Commission ne s'est pas réunie et il n'a pas été donné suite, je crois, au projet qu'elle devait examiner et auquel cependant tous nos confrères ont paru très-sympathiques.

Dans le but de poursuivre le projet des archéologues de Cracovie, j'ai dressé une carte paléoethnologique d'une partie du bassin du Rhône, et j'ai dû créer une légende nouvelle.

Aucune, parmi celles qui ont été proposées ou adoptées dans les cartes archéologiques publiées jusqu'à présent, ne m'a paru offrir les avantages que recherchait M. le comte Przezdziecki, lui-même, avantages que je considère comme très-importants.

J'ai l'honneur d'offrir aux membres du Congrès ma carte, avec la description et la reproduction de quelques spécimens de légendes ou de signes conventionnels, aussi divers que compliqués, démontrant le besoin pressant que nous avons de nous entendre pour créer une légende uniforme et internationale pour les cartes préhistoriques.

En outre du nouveau système de légende proposé par la Société de Cracovie, je dois en citer plusieurs autres adoptés dans quelques cartes archéologiques publiées ou en cours de publication.

Parmi celles-ci, je place en première ligne un projet de légende, que notre confrère, M. Ollier de Marichard, a dressé pour la carte du Vivarais qu'il prépare en ce moment, puis celle que ce même archéologue a employée dans sa première carte du bas Vivarais. Je donnerai ensuite sommairement la description des légendes des cartes de la Seine-Inférieure, par M. l'abbé Cochet; du Tarn, par M. Caraven; de la Belgique, par M. Van der Moele; de l'ouest de la Suisse, par M. F. Keller; de la Lombardie et des lacs de cette région, par M. Marinoni; du Var, par M. de Bonstelen; de l'Aveyron, par M. Boisse; de la Gaule, par une Commission spéciale instituée au ministère de l'instruction publique; des dolmens de l'Aveyron, par M. le docteur Prunières, et celle des dolmens et tumulus de la Gaule, par M. A. Bertrand; enfin, celle que j'ai établie pour la carte paléoethnologique d'une partie du bassin du Rhône. Les lecteurs des *Matériaux pour l'histoire de l'Homme* ont pu voir déjà un résumé de ce travail, dont j'ai donné l'année dernière un aperçu à l'Association française pour l'avancement des sciences, dans la session de Lyon, en lui présentant ma carte, qu'elle a bien voulu publier dans son compte rendu.

# DESCRIPTION

## DE QUELQUES LÉGENDES ET DE QUELQUES CARTES

### ARCHÉOLOGIQUES

I

*RAPPORT SUR UN PROJET DE CARTE ARCHÉOLOGIQUE D'UN NOUVEAU SYSTÈME, présenté par M. le comte* ALEXANDRE PRZEZDZIECKI, *au nom de la Société scientifique et littéraire de Cracovie, à la cinquième session du Congrès international d'Anthropologie et d'Archéologie préhistoriques, tenu à Bologne du 1er au 8 octobre 1871. (Extrait.)*

« Nous avons adopté la division en époques de la *pierre*, du *bronze* et du *fer*, avec les subdivisions de deux époques de la pierre, et de deux époques du fer, dont la première, celle de la *pierre brute*, remonte à l'origine de l'homme, tandis que la dernière, celle du *fer ciselé*, se relie déjà aux temps historiques. Il va sans dire que cette division ne préjuge en rien la chronologie précise de ces époques ; elle sert uniquement à classer et à indiquer sur les cartes archéologiques les découvertes des objets qui appartiennent à chacune d'elles.

« Nous proposons de désigner ces objets archéologiques par des signes *mnémoniques* faciles à retenir et qui puissent devenir des signes *internationaux*. Nous proposons en outre de désigner les cinq époques préhistoriques par *cinq couleurs* différentes, afin qu'un seul coup d'œil, jeté sur la carte couverte d'empreintes de couleurs diverses, suffise pour voir dans quelles parties du pays les âges de la pierre brute, de la pierre polie, du bronze, du fer forgé et du fer ciselé, ont laissé le plus de traces de leur passage. Il serait peut-être nécessaire d'ajouter encore une *sixième* couleur pour indiquer, dans les époques postérieures, les antiquités *étrangères au pays*, par exemple, les antiquités égyptiennes, phéniciennes, orientales, grecques et romaines, qu'on trouve dans les pays germaniques et slaves, à des époques préhistoriques pour eux.

« Ainsi, nous proposons de désigner :

| | | |
|---|---|---|
| 1. L'époque de la pierre brute. . . . . . . . | par | **le bistre.** |
| 2. L'époque de la pierre polie. . . . . . . . | — | **le jaune.** |
| 3. L'époque du bronze. . . . . . . . . . . | — | **le vert.** |
| 4. L'époque du fer forgé. . . . . . . . . . | — | **le violet.** |
| 5. L'époque du fer ciselé. . . . . . . . . . | — | **le bleu.** |
| 6. Les antiquités étrangères au pays. . . . . . | — | **le rouge.** |

« Une fois ces couleurs adoptées, les signes mnémoniques, servant à désigner les objets archéologiques seront imprimés sur la carte avec les couleurs correspondantes aux époques auxquelles ces objets appartiennent.

« Pour donner aux archéologues la possibilité de marquer eux-mêmes sur la première carte venue les objets nouvellements découverts, nous avons pensé faire graver sur de petits cachets portatifs les signes mnémoniques correspondants et à joindre à la boîte qui les contient des tampons avec les six couleurs qui seraient adoptées pour désigner les diverses époques.

« Il serait possible de simplifier encore ce procédé en remplaçant les tampons chargés de couleur par des papiers chimiques coloriés, qui laisseraient leur empreinte sous les cachets. Nous mettons sous les yeux des membres du Congrès des échantillons de ces cachets, de ces tampons et de ces produits chimiques.

« Cette méthode du *self-help*, appliquée à la confection des cartes archéologiques pour chaque pays, fournirait à coup sûr de nombreux éléments pour dresser une carte générale aussi complète que possible.

« Il nous reste encore à soumettre au Congrès le choix des signes mnémoniques qui devraient servir à désigner les divers objets ou les catégories d'objets d'archéologie préhistorique. Le nombre pourrait en être augmenté, diminué ou modifié d'après les observations de l'expérience, si le Congrès croyait utile de nommer une commission pour s'occuper du projet que nous avons l'honneur de lui soumettre.

| | |
|---|---|
| 1. Cavernes ossifères. . . . . . | *un os dans une caverne.* |
| 2. Kjökkenmöddings . . . . . . | *une coquille.* |
| 3. Habitations lacustres . . . . . | *une maison sur pilotis.* |
| 4. Dolmens . . . . . . . . . . | *un dolmen.* |
| 5. Chambres funéraires recouvertes de terre . . . . . . . . . . | *une butte ouverte.* |
| 6. Tumulus qui, dans beaucoup de pays, servaient de lieux de sacrifice, comme chez les anciens Hébreux, ou bien de monuments commémoratifs, ou bien dont l'intérieur était disposé pour brûler les morts. | *un tumulus.* |
| 7. Cimetières païens . . . . . . | *une urne funéraire.* |
| 8. Pierres runiques . . . . . . | *une pierre avec le runique.* |

| | |
|---|---|
| 9. Camps fortifiés . . . . . . . . | *une enceinte.* |
| 10. Autels païens. . . . . . . . . | *un autel.* |
| 11. Idoles . . . . . . . . . . . | *une idole à 4 têtes.* |
| 12. Constructions en pierre . . . . | *un mur semi-circulaire.* |
| 13. Ossements humains. . . . . . | *un crâne.* |
| 14. Ossements d'animaux . . . . . | *un bois de cerf.* |
| 15. Outils en pierre brute . . . . . | *une hache.* |
| 16. Outils en pierre polie . . . . . | *un marteau.* |
| 17. Outils et ornements en bronze. . . | *un celt.* |
| 18. Outils en fer forgé . . . . . . | *un fer de lance.* |
| 19. Outils en fer ciselé. . . . . . | *une clef.* |
| 20. Trouvaille numismatique . . . . | *des pièces de monnaie.* |
| 21. Antiquités étrangères au pays. . . | *une aigle romaine.* |
| 22. Champs de bataille. . . . . . | *deux glaives en croix.* |

« Chaque carte devrait être accompagnée d'une liste alphabétique des localités dans lesquelles des objets d'archéologie préhistorique ont été découverts, avec une description détaillée de ces objets. Cette liste serait en même temps un résumé et un supplément de la carte archéologique de chaque pays ou de chaque province.

« Je prends la liberté de mettre encore sous les yeux des membres du Congrès une carte, récemment dressée, des pays qui composaient les États de l'ancienne Pologne. Cette carte, qui ne contient que les rivières, les montagnes et les villes principales, nous a servi de spécimen pour les cartes archéologiques projetées. Elle a été complétée à la plume par tout ce qu'il nous a été possible de réunir de localités illustrées par des trouvailles archéologiques. Ces trouvailles y sont représentées par les signes mnémoniques projetés, imprimés avec les couleurs correspondantes aux époques auxquelles elles appartiennent.

« Quelque défectueux que soit encore ce premier essai, il est susceptible de toutes les améliorations qui seraient introduites, soit dans le système même, soit dans son application. La carte dont nous nous sommes servis est teintée en vert pour indiquer les plaines; tandis que les parties montagneuses sont restées en blanc. Il serait possible de teinter en diverses couleurs de nuances très-claires toutes les couches géologiques sur lesquelles les signes *mnémoniques* des trouvailles archéologiques se détacheraient alors en couleurs plus foncées. »

## II

*CARTE ARCHÉOLOGIQUE DU BAS VIVARAIS, par M. Ollier de Marichard (en préparation).*

M. Ollier de Marichard a divisé sa légende en cinq parties distinctes :

La question topographique comprenant la description des montagnes et des cours d'eau et la nature des différents terrains (avec lignes géologiques) qui composent le sol du département de l'Ardèche.

### I. — Époque géologique

Terrains primaires : Granites, Gneiss, Micaschistes. — Terrain houiller, carbonifère. — Terrain jurassique, oxfordien, lias. — Terrain crétacé, Grès, Terre réfractaire, Lignites, formation néocomienne. — Déjections volcaniques. — Alluvions anciennes. — Terrains tertiaires lacustres.

### II. — Époque paléolithique
ou de la pierre taillée

Grottes à ossements. — Grottes à foyers.

III. — Époque néolithique
ou de la pierre polie et bronze

Grottes à foyers. — Grottes à sépultures. — Grottes de l'âge de bronze ou des métaux. — Dolmens. — Tumulus. — Menhirs. — Cromlecks, pierres creuses, pierres branlantes. — Camps dits celtiques.

IV. — Époque historique

Camps romains. — Pierres milliaires. — Stations des peuples divers, phéniciens, grecs, romains. — Voies romaines.

V. — Époque moderne

Vieilles églises, abbayes. — Vieux châteaux, ruines féodales. — La désignation des routes qui sillonnent le pays et les limites.

La notice qui suivra la carte de M. Ollier de Marichard, et dont il a déjà donné une esquisse succincte dans le *Compte rendu* du Congrès de Lyon en 1873, comprendra un aperçu géographique du département de l'Ardèche aux diverses phases de sa constitution, depuis les âges préhistoriques et légendaires jusqu'à nos jours. M. Ollier de Marichard y joindra quelques notions ethnologiques sur les divers peuples qui l'ont successivement occupé et les diverses phases de son existence jusqu'à l'ère actuelle.

## III

*CARTE ARCHÉOLOGIQUE DU BAS VIVARAIS (Époque préhistorique, gallo-romaine et romaine). Recherches sur l'ancienneté de l'Homme dans le bas Vivarais, par* M. OLLIER DE MARICHARD. — *Montpellier, 1869, lith. Boehm et fils.*

La carte employée par M. Ollier de Marichard est à l'échelle de $\frac{1}{250000}$, la topographie y est à peine indiquée par les cours d'eau.

Les signes conventionnels adoptés se composent de cinq lettres grecques et représentent les stations et les divisions suivantes :

AGE DU DILUVIUM

$\delta$. Grottes à ossements.

AGE DE LA PIERRE POLIE

$\pi$. Grottes à habitations préhistoriques. $\Delta$. Dolmens.

AGE DE BRONZE

$\vartheta$. Tumuli. $\beta$. Grottes murées.

AGE DE FER

Stations sémites et berbères.

ÉPOQUE GALLO-ROMAINE ET ROMAINE

Les stations, voies et principales cités de cette période, sont tracées à l'encre rouge.

Les régions occupées plus spécialement à une époque sont teintées de couleurs différentes. Le jaune est employé pour les régions où se trouvent des grottes habitées pendant l'époque de la pierre taillée, de l'époque de la pierre polie et du bronze.

Les régions riches en dolmens et tumulus sont teintées en gris verdâtre ; les stations où M. Ollier de Marichard pense avoir retrouvé des antiquités sémites et berbères sont teintées en vert, et les stations, voies et principales cités des époques gallo-romaines et romaines, sont teintées en rouge.

---

## IV

*CARTE ARCHÉOLOGIQUE DE LA SEINE-INFÉRIEURE, par l'abbé* Cochet. *Paris, 1864. In-4*

M. l'abbé Cochet a choisi une carte tracée en noir à très-petite échelle. Les antiquités des diverses époques sont indiquées par des initiales de couleurs différentes. L'époque gauloise est teintée en vert, l'époque romaine en rouge et l'époque franque en bleu.

### ÉPOQUE GAULOISE

— En vert —

*T* — Tumulus.

*M D* — Monument druidique.

*P T* ou *P B* — Pierre tournante ou Pain bénit.

*T du G* — Tombeau du géant.

*P d'E* — Pierre d'État.

*P d'Enfer ou M du T* — Pierre d'Enfer ou Marche du Trésor.

*P du B* — Pierre du Bonheur.

*M* — Médaille.

*S* — Station.

*O* — Or.

*L* — Lieu gaulois.

A — Argent.

*H* |⁴ — Hachettes en silex ou en bronze.

*E D* — Enceinte druidique.

*C* — Cimetière gaulois.

ÉPOQUE ROMAINE

— En rouge —

*C* — Cimetière romain.
*S* — Sépulture isolée.
*Dol* — Dolmen.
*D* — Débris.
*Mais* — Maisons.
*Mos* — Mosaïque.
*V* — Villa.
*L* — Lieu romain.
*B* — Balnéaire.
*St* — Station.
*P* — Point romain.
⫽ — Voie romaine.
*M* — Médaille.
*O* — Or.
*B* — Bronze.
*A* — Argent.
*b* — Billon.
*T* — Théâtre.
*Vig* — Vigie.
*R* — Retranchement.

ÉPOQUE FRANQUE

— En bleu —

*C* — Cimetière.
*S* — Sépulture isolée.
*V* — Ville franque.
*v* — Village franc.
*M* — Médailles.
*O* — Or.
⊙ — Lieux où les Francs battaient monnaie.
*Ab* — Abbaye.

*CARTE ARCHÉOLOGIQUE DU DÉPARTEMENT DU TARN, par M. A. CARAVEN. — 1867.*

M. Caraven a employé dans sa carte une légende qui se rapproche beaucoup de celle que M. l'abbé Cochet a choisie pour la carte de la Seine-Inférieure; il la divise de la manière suivante :

ÉPOQUE ANTÉHISTORIQUE

Station humaine. — Hache en silex.

ÉPOQUE GÉOLOGIQUE

Phénomènes glaciaires. — Rocs branlants.

ÉPOQUE GAULOISE

Tumulus fouillés. — Hache en pierre ou bronze. — Menhirs. — Dolmens. — Pierre levée. — Polissoir en pierre. — Peïro dal Co (pierre du chien). — Pierres percées. — Pierres à écuelles. — Palet du diable. — Palet de Notre-Dame. — Fontaine sacrée. — Cimetière gaulois. — Médailles gauloises. — Couteaux en bronze. — Tombeau des Trois-Rois. — Trois Tumuli.

ÉPOQUE ROMAINE

Cimetière romain. — Sépultures isolées. — Statues. — Mosaïques. — Villa. — Lieux romains. — Station romaine. — Pont romain. — Vigie. — Camp retranché. — Médailles. — Argent. — Or. — Bronze. — Tumulus. — Grande fabrique de briqueterie. — Grande fabrique de poterie. — Voies romaines.

ÉPOQUE FRANQUE

Cimetière franc. — Sépultures isolées. — Villes franques. — Villages francs. — Abbayes. — Monastères. — Médailles ou monnaies. — Maison royale.

M. Caraven a choisi des couleurs différentes pour chaque époque : le noir pour les époques antéhistoriques et géologiques, le vert pour l'époque gauloise, le rouge pour l'époque romaine et le bleu pour l'époque franque. Les noms anciens de lieu et de province sont imprimés sur sa carte avec les mêmes couleurs qu'il a adoptées pour les signes conventionnels de chaque époque.

## VI

*TOPOGRAPHIE DES PALAFITTES DES LACS DE VARÈSE ET DE MONATE, DE PUSIANO, D'AUNONE ET DE GARDE, des stations préhistoriques des environs de Crema et des tourbières de la plaine d'Erba, par M. MARINONI, accompagnée d'une carte générale de toutes les stations préhistoriques de la Lombardie, publiées dans les mémoires de la Société italienne des Naturalistes (t. IV, nº 3).*

Dans une série de quatre cartes, sur lesquelles l'hydrographie est surtout représentée, M. Marinoni a indiqué les stations préhistoriques des environs de Crema, des tourbières d'Erba et des palafittes des lacs de Varèse, de Pusiano, d'Aunone et de Garde.

Une carte générale de la Lombardie résume l'ensemble de ces documents.

M. Marinoni a employé des lettres initiales accompagnées d'un trait rouge pour marquer le point de chacune des stations où on a recueilli des débris de l'industrie humaine des temps préhistoriques. La lettre P indique les antiquités de l'âge de pierre ; la lettre B, celles de l'âge du bronze, et les lettres P B, celles qui présentent des mélanges d'objets en bronze et en pierre.

## VII

*CARTE ARCHÉOLOGIQUE ECCLÉSIASTIQUE ET NOBILIAIRE DE LA BELGIQUE, à l'échelle de 1 à 200000, par M. JOSEPH VAN DER MOELE. — Bruxelles, 1874.*

Cette carte, l'une des plus importantes qui aient été faites, est composée de quatre feuilles, très-peu chargée de dessins topographiques ; les provinces sont délimitées par des couleurs spéciales. La légende est assez compliquée, elle comprend quatre parties distinctes. Les signes conventionnels topographiques nobiliaires et ecclésiastiques sont noirs ; ceux qui sont destinés à l'archéologie sont rouges.

Ces derniers se composent de signes mnémoniques et de lettres initiales du nom du monument et de l'antiquité auxquels ils se rapportent. Ils sont au nombre de quarante-trois. M. Van der Moele a adopté un signe spécial pour chacune des stations, ruines ou antiquités indiquées ci-dessous :

Autel romain. — Aqueduc romain. — Arme de corne. — Arme de pierre. — Arme de bronze. — Arme de fer. — Arme romaine. — Arme franque. — Bains romains. — Camp romain. — Champs de bataille. — Monnaies gauloises. — Monnaies romaines. — Monnaies franques. — Monuments dits druidiques. — Monuments sépulcraux romains. — Objets divers en bronze. — Objets divers (âge de de fer). — Objets divers (époque franque). — Pont romain. — Poteries. — Routes romaines de premier ordre. — Routes livrées à l'agriculture, citées dans l'*Itinerarium Provinciarum*, dit d'Antonin, et la *Table théodosienne*, dite de Peutinger (393). — Routes romaines de deuxième ordre *(Diresticula)*. — Routes romaines de deuxième ordre livrées à l'agriculture. — Routes romaines et voies royales, troisième ordre. — Routes romaines signalées. — Ruines et décombres à signaler. — Sépulture romaine. — Sépulture romaine (plusieurs). — Sépulture gallo-franque, urnes, etc. — Sépulture gallo-franque, urnes, etc. (plusieurs). — Station romaine. — Substructions romaines. — Substructions d'origine incertaine. — Temple romain. — Territoire marecageux. — Tour romaine. — Usine ou fabrique romaine. — Tumulus. — Tumulus frank. — Tumulus (plusieurs). — Lorsque les Tumuli sont placés le long des routes ils indiquent leur situation réelle ; lorsqu'on n'a pu la préciser on les a marqués au-dessus du nom de la commune dans laquelle ils ont été signalés. — Charpente ogivale de l'époque anglo-normande (XIII^e siècle). — Donjon militaire. — Porte (XIV^e siècle).

## VIII

*CARTE ARCHÉOLOGIQUE DE L'OUEST DE LA SUISSE, par M. F. Keller. — Zurich, 1873,*

Le travail de M. F. Keller comprend les époques préhistoriques ou gauloises, l'époque romaine et le moyen âge.

La carte est pour la topographie la reproduction d'une bonne carte routière de la Suisse à l'échelle de $\frac{1}{250000}$.

M. Keller a choisi trente-trois signes conventionnels pour représenter les antiquités et monuments divers de la région qu'il étudie, ils se rapportent aux divisions suivantes :

ÉPOQUE PRÉHISTORIQUE ET GAULOISE

Palafittes. — Monuments en pierre ou levées de terre. — Pierres à bassin. — Tombeaux de l'époque de la pierre, du bronze, gauloise et gallo-romaine. — Ustensiles de bronze. — Tumulus. — Refuges. — Monnaies gauloises et étrusques. — Tombeaux étrusques avec inscriptions.

ÉPOQUE ROMAINE

Stations.— Stations ou Châteaux fortifiés. — Stations fortifiées avec poteries légionnaires. — Castellum. — Temples. — Amphithéâtres. — Colonies. — Colonies avec poteries de stations légionnaires. — Tombeaux. — Aqueducs. — Routes stratégiques. — Routes de communication — Pierres milliaire et de délimitation. — Ponts. — Inscriptions. — Trésors de monnaies. — Batailles. — Travaux de défenses. — Mines. — Carrières. — Limites frontières.

MOYEN AGE

Tombeaux des Alamans. -- Fermes de sectaires. — Stations d'étrangers.

La couleur bleue a été adoptée pour l'époque préhistorique, le jaune pour les tombeaux étrusques, le rouge pour l'époque romaine et le vert pour le moyen âge.

## IX

*CARTE ARCHÉOLOGIQUE DU DÉPARTEMENT DU VAR (Époque gauloise et romaine) accompagnée d'un texte explicatif, par M. le baron* DE BONSTETTEN. — *Toulon, 1872.*

M. de Bonstetten a employé une carte à l'échelle de $\frac{1}{665000}$, très-peu chargée de dessins topographiques, de noms et de cotes d'altitude.

Il a choisi dans la légende, pour la représentation des monuments et des antiquités du Var, dix-huit signes conventionnels ; ils se rapportent aux dénominations suivantes :

Dolmens. — Kjökkenmöddings, débris de repas, âge de la pierre. — Armes ou instruments en pierre ou en os trouvés isolément. — Cavernes renfermant des objets de l'âge de la pierre. — (Signes de couleur bleue.) — Armes ou outils en bronze trouvés isolément.— Cavernes renfermant des objets de l'âge du bronze. — Tumulus ou sépultures de l'âge du bronze ou du fer. — Oppidumo ou retranchements anté romains. — Dépôts de monnaies grecques ou gauloises. — (Signes de couleur verte.) — Ruines romaines ou Tuiles à rebord éparses sur le sol. — Sépultures romaines. — Dépôts de monnaies romaines. — Inscription romaine. — Ponts romain. — Voies romaines. — Pierres milliaires. — Camps romains. — Aqueducs romains. — (Signes de couleur rouge.)

Une nomenclature, par ordre alphabétique, de toutes les localités du département qui ont fourni des antiquités, accompagne cette carte.

## X

*CARTE ET TABLEAU SYNOPTIQUE DES MONUMENTS ET OBJETS D'ORIGINE CELTIQUE, OBSERVÉS DANS LE DÉPARTEMENT DE L'AVEYRON, par M. AD. BOISSE. Mémoires de la Société des lettres, sciences et arts de l'Aveyron. — 1874.*

M. Boisse a dressé un inventaire des antiquités préhistoriques du département de l'Aveyron, accompagné d'une carte archéologique à l'échelle $\frac{1}{500000}$.

La légende, assez simple, se compose de dix signes conventionnels différents, se rapportant en partie à ceux de la carte des Gaules ; ils sont tous en noir et désignent les stations suivantes :

Dolmens. — Tumulus. — Cromlecks. — Grottes naturelles. — Hypogées. — Monnaies. — Objets en pierre. — Objets en bronze. — Alignements et allées couvertes. — Pierres branlantes.

## XI

*CARTE DE LA GAULE, depuis les temps les plus reculés jusqu'à la conquête romaine, dressée par la Commission de la topographie des Gaules, institué au ministère de l'Instruction publique — Paris, 1867. — A l'échelle de $\frac{1}{800000}$*

Cette carte, tirée à un très-petit nombre d'exemplaires, est exposée dans l'une des galeries du Musée de Saint-Germain.

La topographie est légèrement représentée ; les cours d'eau et les routes anciennes et modernes sont surtout indiqués.

Les signes conventionnels adoptés pour la légende sont simples et peu nombreux ; ils sont au nombre de quatorze seulement. On a indiqué par des signes spéciaux :

1. Les points où ont été trouvés des silex quaternaires.
2. Les Cavernes à ossements.
3. Les Menhirs.
4. Les pierres branlantes.
5. Les Dolmens, les demi-dolmens et les allées couvertes.
6. Les Dolmens sous tumulus.
7. Les Tumulus sous dolmens.
8. Les Tumulus.
9. Les Cromlecks.
10. Les enceintes ou ca
11. Les découvertes de l'âge de la pierre.
12. Les découvertes de l'âge du bronze.
13. Les monnaies gauloises.
14. Les cimetières ou tombeaux.

Le signe représentant une flèche verticale surmontant un monument indique que ce monument est fouillé.

La couleur rouge est employée seule pour les signes conventionnels, le texte est en noir et la topographie est en bistre.

Je crois savoir que la Commission de la topographie des Gaules travaille en ce moment à compléter cette légende.

## XII

*CARTE DES DOLMENS ET DES TUMULUS DE LA GAULE, par M. A.* BERTRAND, *publiée par la Commission de la topographie des Gaules en 1867. (Une réduction de cette carte a été publiée dans la Revue d'Anthropologie de M. le professeur Broca, n° 4; de l'année 1873).*

Dans cette carte, dressée spécialement pour montrer la distribution des dolmens et des tumulus, les points où il existe de ces monuments sont indiqués par des teintes de couleur différente.

Le rouge indique les Dolmens, le vert les tumulus. Une ligne rouge sépare la région de l'ouest de la Gaule que M. Bertrand appelle région des Dolmens, de celle des Tumulus ou des Alpes et du Jura.

## XIII

*CARTE DE LA RÉGION DES DOLMENS DE LA LOZÈRE, par M. le Dr* PRUNIÈRES. *(Revue d'Anthropologie de M. le professeur Broca; n° 2 de l'année 1873.)*

M. le docteur Prunières a indiqué, sur une carte à petite échelle, les points où se trouvent des dolmens en très-grand nombre dans le département de la Lozère. M. Prunières délimite par une ligne rouge la région des dolmens comprise entre le département de l'Aveyron et les villes de Mende, Marvejols et Florac.

Les dolmens sont indiqués par un signe rouge présentant un carré ouvert à sa partie inférieure.

Sur le fond de cette carte la constitution géologique de la contrée est indiquée par des hachures en noir.

# CONCLUSIONS

La critique des cartes et des légendes que je viens de décrire serait longue et difficile ; toutefois, pour chercher à atteindre le but proposé à Bologne, je résumerai ainsi les observations que leur étude minutieuse m'a permis de faire avec la plus grande impartialité :

1° Parmi les cartes archéologiques parues jusqu'à ce jour, la minorité a été dressée en vue de représenter spécialement les antiquités et les monuments préhistoriques.

2° Les signes conventionnels des légendes de ces cartes sont généralement trop considérables ; plusieurs d'entre elles comprennent les antiquités des temps les plus primitifs jusqu'au moyen âge ; quelques-unes même sont surchargées de dessins géologiques. De sorte que la plus grande confusion règne dans plusieurs de ces ouvrages et la lecture en devient difficile.

3° Dans plusieurs cartes, les divisions chronologiques, relatives pour chaque pays, des trois âges : *de la pierre, du bronze et du fer*, ne sont pas admises.

4° Sur les quelques cartes dans lesquelles on a adopté ces divisions, les signes conventionnels qui leur sont attribués se trouvent mêlés à ceux qui sont réservés aux époques postérieures, de là également confusion.

5° La plupart des légendes que j'ai pu étudier sont composées de signes conventionnels trop divers : des signes *mnémoniques* souvent très-compliqués sont mêlés à des *lettres initiales* servant au même usage.

6° Ces signes conventionnels ou ces lettres sont imprimées en une ou deux couleurs au plus, et, indépendamment de ce qu'ils ne se détachent pas de manière à offrir au premier coup d'œil un tableau d'ensemble, la nécessité de multiplier les signes survient. L'avantage des signes *mnémoniques* disparaît alors, car ils n'aident plus la mémoire.

7° Un inconvénient enfin non moins important que les précédents se trouve dans plusieurs cartes archéologiques : les signes et leur explication ne sont compréhensibles que dans un seul idiome.

Pour obvier à toutes les défectuosités que je viens de signaler, je propose, après m'être entouré des conseils d'un grand nombre de nos confrères, un nouveau système de légende composé d'un nombre relativement restreint de signes conventionnels.

Je me hâte de dire que j'ai puisé une grande partie de mes documents pour la construction de ma légende dans celle de la carte des Gaules et dans celle de M. Keller.

J'ai été très-satisfait de me rencontrer en communauté d'idée avec MM. de Bonsteten et Boisse pour une partie de mes signes conventionnels.

Je regrette de ne pas avoir pu adopter les signes mnémoniques préparés par la Société scientifique de Cracovie. Je me suis servi des indications énumérées dans son projet et j'ai essayé de rentrer de mon mieux dans le cadre qu'elle avait tracé et dont l'honneur de l'initiative doit lui revenir.

Il est probable que si la Commission qu'avait sollicitée son honorable président à Bologne se fût réunie, elle eût apporté des rectifications au système proposé ; car, dans l'application, il était difficile de le conserver sans modification ; il ne paraît pas offrir, en effet, tous les avantages que doit présenter une œuvre scientifique internationale.

Si le Congrès juge convenable de reprendre l'étude de cette question, je *lui demanderai de nommer une nouvelle Commission* dans le but d'établir, pendant la *session de Stockholm*, une *légende internationale* sur les bases qui ont été présentées à Bologne.

# CARTE PALÉOETHNOLOGIQUE

# D'UNE PARTIE DU BASSIN DU RHONE

PAR

ERNEST CHANTRE

*Publiée dans le Compte Rendu de l'Association pour l'avancement des Sciences, Session de Lyon, 1873*

Les recherches préhistoriques dans le bassin du Rhône, quoique ne datant que de dix ans à peine, ont produit déjà d'assez beaux résultats pour que l'on puisse affirmer que cette partie de la Gaule est l'une de celles qui ont été le plus habitées dans ces temps reculés. On rencontre un nombre considérable des vestiges de l'âge de la pierre la plus rudimentaire dans les cavernes, dans les alluvions et dans des foyers en plein air, dont la fameuse station de Solutré est le type.

Les stations de l'âge de la pierre polie sont très-nombreuses dans la vallée de la Saône et la plaine dauphinoise; ce sont des foyers à l'air libre, des dolmens, des palafittes, des cavernes sépulcrales, des tombeaux, etc.

Les débris de l'industrie de l'âge du bronze se trouvent très-fréquemment dans le sol, mais c'est surtout dans les palafittes de la Suisse et de la Savoie et dans les tombeaux qu'il faut les chercher.

La civilisation gauloise ou du premier âge du fer se retrouve à chaque pas dans cette région dont la beauté et la fertilité a tant de fois excité la convoitise des peuples voisins. Ce sont principalement les tumulus de la Bourgogne et de la Franche-Comté, puis les cimetières des Alpes qui fournissent les dépouilles riches et variées de ces populations belliqueuses.

La plupart des découvertes préhistoriques faites dans le bassin du Rhône ont été décrites isolément ; plusieurs sont en ce moment même en voie de publication. Aucun recueil spécial de ces documents n'ayant été entrepris, j'ai pensé qu'une carte sur laquelle seraient représentées, par des signes conventionnels, les diverses stations connues jusqu'à ce jour, pourrait rendre quelques services aux anthropologistes et aux archéologues. Un répertoire archéologique, correspondant à cette carte, est actuellement sous presse.

J'ai choisi la carte de l'état-major français à l'échelle de $\frac{1}{80000}$, mais, pour la publication, j'ai dû condenser mes matériaux déjà nombreux sur la carte du génie militaire à l'échelle de $\frac{1}{864000}$.

La surface de pays, dont je présente les stations préhistoriques, est comprise entre Dijon au nord, les montagnes beaujolaises et lyonnaises à l'ouest, les Alpes de la Savoie et du Dauphiné à l'est, et Grenoble au sud.

La partie inférieure du bassin du Rhône fera l'objet d'un autre travail.

D'après le tableau ci-dessous, on verra que j'ai choisi quatre couleurs et seize signes conventionnels.

| AGE DE LA PIERRE TAILLÉE | AGE DE LA PIERRE POLIE | AGE DU BRONZE | 1<sup>er</sup> AGE DU FER ET ÉPOQUE GAULOISE |
|---|---|---|---|
| **Rouge** | **Bleu** | **Vert** | **Jaune** |
| ⊓ Cavernes et Abris. | Π Palafittes. | Π Palafittes. | Π Palafittes. |
| ● Ateliers. | ● Ateliers. | ○ Foyers. | ○ Foyers. |
| ○ Foyers et Kjökkenmöddings. | □ Camps. | ∪ Fonderies. | □ Camps. |
| ⋒ Cavernes sépulcrales. | ○ Foyers. | ◆ Trouvailles. | ∪ Fonderies. |
| ⊕ Foyers sépultures. | ⋒ Cavernes sépulcrales. | + Sépultures. | ◆ Trouvailles |
| + Sépultures. | ⊕ Foyers sépultures. | ⌓ Tumulus. | + Sépultures. |
| △ Pièces isolées lehm et alluvions) | + Sépultures. | ⊥ Menhirs et Cromlechs. | ⌓ Tumulus. |
| ▲ Pièces isolées (tourbières). | π Dolmens et Allées couvertes. | △ Pièces isolées (lehm et alluvions). | ✙ Cimetières. |
| | ⌓ Tumulus. | ▲ Pièces isolées (tourbières). | △ Pieces isolées (lehm et alluvions). |
| | ⊥ Menhirs et Cromlechs. | | ▲ Pièces isolées (tourbières). |
| | △ Pieces isolées (lehm et alluvions). | | |
| | ▲ Pieces isolées (tourbieres). | | |

Avec ce système de signes conventionnels de quatre couleurs, on peut très-rapidement reconnaître la disposition des débris industriels de telle ou telle époque dans une région donnée.

En jetant un coup d'œil sur la carte, on se rend facilement compte de cet avantage ; le signe jaune, par exemple, qui indique les Tumulus, pour la plupart gaulois, que l'on remarque en très-grand nombre dans les Dombes, le Doubs et le Jura, démontre un ensemble des plus intéressants de ces monuments. Les groupements de signes verts, bleus et rouges, indiquent à première vue à quelle époque des temps préhistoriques telle ou telle contrée a été plus ou moins fréquentée par ces peuplades primitives.

J'ai cherché, dans ma légende, à représenter, aussi complétement et aussi simplement que possible, tous les genres de gisements d'antiquités préhistoriques du bassin du Rhône.

Je compte encore sur le bienveillant concours de mes confrères pour perfectionner mon essai ; chacun connaissant mieux les richesses archéologiques de sa patrie pourra apporter des modifications dans certaines parties de cette légende, et en réunissant nos efforts nous arriverons à posséder une légende véritablement complète et internationale.

Avec des cartes bien faites dans chaque pays, on pourra montrer les corrélations qui existent entre beaucoup de gisements d'une façon plus exacte qu'on a pu le faire jusqu'à ce jour. Les cartes archéologiques permettront encore de faire ressortir la marche de certaine civilisation et le choix constant des sites que les populations de chaque époque faisaient en arrivant sur un nouveau territoire. Ainsi, dans le bassin du Rhône, les débris de l'âge de la pierre polie se rencontrent surtout sur les plateaux ou même sur les montagnes ; ceux, au contraire, de l'âge du bronze ne se rencontrent presque jamais en dehors des anciennes voies de communication, c'est-à-dire que c'est toujours près des cols, dans les montagnes et près des fleuves, que ces antiquités se rencontrent le plus fréquemment.

Un grand nombre d'observations de ce genre seront plus facilement démontrées par les cartes archéologiques que par de gros volumes, si la simplicité de la légende vient en aide aux recherches et surtout si on parvient à l'adoption générale d'une légende internationale.

Je serais heureux si ce premier essai, le seul qui ait été tenté à ce point de vue, pouvait aider les paléoethnologues à obtenir ce résultat. La paléoethnologie serait la première science possédant un langage international.

FIN

LYON. — IMPRIMERIE PITRAT AINÉ, RUE GENTIL, 4.

## CARTE ARCHÉOLOGIQUE, ECCLÉSIASTIQUE ET NOBILIAIRE DE LA BELGIQUE

*par Mr Joseph Van der Maelen*

|  | |  | |
|---|---|---|---|
| | *Autel Romain* | | *Routes Romaines de 2e ordre (Diverticula)* |
| | *Aqueduc Romain* | | *id. livrées à l'Agriculture* |
| C. | *Armes de Cuivre* | | *Route Romaine et Voie Royale de 2e ordre* |
| P. | *id. de Pierre* | RR. | *Routes Romaines supposées* |
| BR. | *id. de Bronze* | | [illegible] |
| F. | *id. de Fer* | R. | *Sépultures Romaines* |
| R. | *id. Romaines* | R. | *id. id. à Plateaux* |
| FR. | *id. Franques* | F. | *id. Gallo-Franques, Francs, etc.* |
| | *Borne Romaine* | F. | *id. id. et Plateaux* |
| | *Camp Romain* | | *Station Romaine* |
| | *Champ de Bataille* | | *Substructions Romaines* |
| G. | *Monnaies Gauloises* | | *id. d'origine inconnue* |
| R. | *id. Romaines* | | *Temple Romain* |
| FR. | *id. Franques* | | *Territoire marécageux* |
| D. | *Monuments dits Druidiques* | | *Voie Romaine* |
| | *id. Sépultures Romaines* | | *Usine ou Fabrique Romaine* |
| AR. | *Objets divers en Bronze* | O | *Tumulus, OFR Tumulus Franc* |
| F. | *id. Age de Fer* | | *id. à Plateaux* |
| FR. | *id. Epoque franque* | | [illegible] |
| | *Pont Romain* | | |
| P. | *Poteries* | | |
| | *Routes Romaines de 1er ordre* | | *Chaussée [illegible] de l'époque [illegible]* |
| | *id. livrées à l'Agriculture* | | *Monument du XIIIe siècle* |
| | *(dites dans l'Itinéraire d'Antonin et la Table Théodosienne dite de Peutinger)* | | *Position militaire [illegible] XIVe siècle* |

## CARTE DE LA GAULE

depuis les temps les plus reculés jusqu'à la conquête romaine
dressée par la commission de la topographie des Gaules

| | |
|---|---|
| *Silex taillés des terrains quaternaires* | *Tumulus* |
| *Cavernes à ossements* | *Cromlechs* |
| *Menhirs* | *Enceintes ou Camps* |
| *Pierre branlante* | *Découvertes de l'âge de la pierre* |
| *Dolmens. Dolmens allées couvertes* | *Découvertes de l'âge du bronze* |
| *Dolmens sous tumulus* | *Monnaies Gauloises* |
| *Tumulus sous dolmens* | [illegible] |

Nota : *Le signe ! surmontant un monument indique que ce monument a été fouillé.*

## CARTE ET TABLEAU SYNOPTIQUE

des monuments et objets d'origine celtique observés dans l'Aveyron
*par Mr Ad. Boisse*
Mémoires de la Sté des lettres, sciences et arts de l'Aveyron

| | | | |
|---|---|---|---|
| + | *Dolmens* | | *Objets en pierre* |
| | *Tumulus* | | *Objets en bronze* |
| | *Cromlechs* | | *Alignements et allées couvertes* |
| | *Grotte naturelle* | | |
| | *Hypogée* | | *Pierres branlantes* |
| M | *Menhirs* | | |

## SIGNES MNÉMONIQUES

projetés pour les Cartes d'Archéologie Préhistorique.
*par Mr Przezdziecki*

| | |
|---|---|
| *Cavernes ossifères* | *Kjøkkenmøddings* |
| *Habitations lacustres* | *Dolmen* |
| *Chambres funéraires* | *Tumulus* |
| *Ossuaires* | *Pierres coniques* |
| *Camps fortifiés* | *Autels* |
| *Idoles* | *Constructions en pierre* |
| *Ossements humains* | *Ossements d'animaux* |
| *Outils en pierre brute* | *Outils en pierre polie* |
| *Outils en bronze* | *Outils en fer forgé* |
| *Outils en fer coulé* | *Trouvailles numismatiques* |
| *Antiquités étrangères au pays* | *Champs de bataille* |

## CARTE GÉOLOGIQUE ET ARCHÉOLOGIQUE DE L'ARDÈCHE

*Par Mr Ollier de Marichard*

Signes Conventionnels

1re Époque géologique

*Granites, Gneiss, Micaschistes*

*Carbonifère*

*Terrains jurassiques, Oxfordien, Lias*

*Terrain Crétacé, Grès, Terre réfractaire, Lignites, formation néocomienne*

*Déjections volcaniques*

*Alluvions anciennes*

*Terrains Tertiaires Lacustres*

2e Époque Paléolithique ou de la pierre taillée

*Grottes à mammouths*

*Grottes à Foyers*

3e Époque Néolithique

*Grottes à Foyers*

*Grottes à Sépultures*

*Grottes de l'âge du bronze ou des métaux*

*Dolmens*

*Tumulus*

*Menhirs*

*[illegible], pierres ornées, pierres branlantes*

*Camps dits Celtiques*

4e Époque historique

*Camps romains*

*Pierres milliaires*

*Monuments [illegible] Romains*

*Voies romaines*

5e Époque moderne

*Vieilles Églises, Abbayes*

*Vieux châteaux, Ruines féodales*

## CARTE ARCHÉOLOGIQUE DU VAR

*par M. de Bonstetten*

*Dolmens*

*Kjøkkenmøddings (débris de cuisine de l'âge de pierre)*

*Armes ou Instruments en Pierre [illegible] trouvés isolément*

*Cavernes renfermant des objets de l'âge de pierre*

*Armes ou Outils en Bronze trouvés isolément*

*Cavernes renfermant des objets de l'âge de bronze*

*Tombeaux ou Sépultures de l'âge de bronze ou de fer*

*Oppidum ou retranchements anté-Romains*

*Dépôt de monnaies grecques ou gauloises*

*[illegible]*

*Sépulture romaine*

*Dépôt de monnaies romaines*

*Inscription romaine*

*Pont romain*

*[illegible] romaine*

*Pierre milliaire*

*Camp romain*

*Aqueduc romain*

## RECHERCHES SUR L'ANCIENNETÉ de l'homme DANS LE BAS-VIVARAIS

*par Mr Ollier de Marichard*

Âge du Diluvium

*Grottes à mammouths*

Âge de la Pierre polie

*Grottes à habitations préhistoriques*

*Dolmens*

Âge de Bronze

*Tumuli*

*Grottes murées (?)*

Âge de Fer

*Stations, Sépultures (?) [illegible]*

Époque Gallo-Romaine et Romaine

*[illegible]*

## CARTE ARCHÉOLOGIQUE DE L'OUEST DE LA SUISSE

Époques préhistorique, romaine et moyen-âge

*par M. Ferdinand Keller*

Époque préhistorique et gauloise

*Palafittes*

*Monuments en pierre*

*Pierres à bassins*

*Tombeaux de l'époque de la pierre, du bronze, gauloise et gallo-romaine*

*Fabrique de bronze*

*Tumulus*

*Refuges*

*Monnaies gauloises et étrangères*

*Tombeaux [illegible] avec inscriptions*

Époque Romaine

*Stations*

*Château fortifié*

*Maison fortifiée [illegible]*

*Tours*

*Temples*

*Amphithéâtres*

*Camps helvètes (?)*

*Camps des légions*

*Tombeaux*

*Conduites d'eau*

*Routes militaires*

*Routes de traverse (?)*

*Pierres milliaires*

*Ponts*

*Inscriptions*

*Trésors et monnaies*

*[illegible]*

*[illegible]*

*[illegible]*

*Ponts de pierre*

*Limites*

Moyen-Âge

*Tombeaux des [illegible]*

*[illegible]*

*Stations d'étrangers*

Association Française — T. II Pl. XIV

# CARTE ARCHÉOLOGIQUE

## D'UNE PARTIE DU BASSIN DU RHÔNE

par ERNEST CHANTRE.

SIGNES CONVENTIONNELS

### TEMPS PREHISTORIQUES

| AGE DE LA PIERRE TAILLÉE | AGE DE LA PIERRE POLIE | AGE DU BRONZE | AGE DU FER |
|---|---|---|---|
| | Palafittes | | |
| | Ateliers | | |
| | Camps | | Palafittes |
| | Foyers | Palafittes | Foyers |
| Cavernes et Abris | Cavernes sépulcrales | Foyers | Camps |
| Ateliers | Foyers Sépultures | Fonderies | Fonderies |
| Foyers et Kjokenmoddings | Sépultures | Trouvailles | Trouvailles |
| Cavernes sépulcrales | Dolmens et Allées couvertes | Sépultures | Sépultures |
| Foyers Sépultures | Tumulus | Tumulus | Tumulus |
| Sépultures | Menhirs et Cromlecks | Menhirs et Cromlecks | Cimetières |
| Pièces isolées (Lehm et Alluv.) | Pièces isolées (Alluvions) | Pièces isolées (Alluvions) | Pièces isolées (Alluvions) |
| Pièces isolées (Tourbières) | Pièces isolées (Tourbières) | Pièces isolées (Tourbières) | Pièces isolées (Tourbières) |

Imp. Dufrenoy Paris.

# MATÉRIAUX

POUR

# L'HISTOIRE NATURELLE ET PRIMITIVE DE L'HOMME

Revue mensuelle illustrée

**Dirigée par E. CARTAILHAC**

CONSERVATEUR-ADJOINT DU MUSÉUM DE TOULOUSE

Huit volumes de 500 pages sont en vente chez REINWALD, 15, rue des Saints-Pères, à PARIS et chez GEORG, libraire à LYON, GENÈVE et BALE. — Prix de chaque volume : 12 fr. — Abonnements : 12 fr. pour la France ; 15 fr. pour l'Étranger.

---

**LES TEMPS PRÉHISTORIQUES DANS LE SUD-EST DE LA FRANCE**, par CAZALIS DE FONDOUCE.

—— **I. L'Homme dans la vallée inférieure du Gardon.** — *Le Gardon à l'époque quaternaire. — Le Mardieul. — La Sartanette. — La Salpêtrière.* — In-4, 90 p., 14 planches lithographiées et teintées. 1871.

—— **II. Allées couvertes de la Provence.** In-4, 32 pages, 5 planches lithographiées et teintées. Montpellier, 1873.

**TOMBES CELTIQUES DE L'ALSACE**, résumé historique sur ces monuments, suivi d'un mémoire sur les établissements celtiques du sud-ouest de l'Allemagne, par MAXIMILIEN DE RING. In-folio, avec une carte et 2 planches lithographiées. Strasbourg, 1870.

**TROUVAILLES DANOISES DU PREMIER AGE DU FER**, par ENGUELHARDT. Copenhague, 1870.

**GUIDE ILLUSTRÉ DU MUSÉE DES ANTIQUITÉS DU NORD, A COPENHAGUE**, par ENGUELHARDT. Copenhague, 1870.

**SUR LA TROUVAILLE DE VIMOSE EN FIONIE**, par ENGUELHARDT. Copenhague, 1837.

**LA NÉCROPOLE DE VILLANOVA**, découverte et décrite par le comte et sénateur GOZZADINI. Bologne, 1870.

**LA NÉCROPOLE DE MARZABOTO**, par le comte et sénateur GOZZADINI. Bologne, 1856.

**LES PALAFITTES**, ou Constructions lacustres du lac de Neufchâtel, par E. DESOR. In-8, orné de 95 gravures sur bois, intercalées dans le texte. Paris, 1865.

**STUDIER I JAMFORANDE FORNFORNSKNING BIDRAG TILL SPAWNETS HISTORIA**, af Dr Hans Hildebrand Hildebrand. Stockholm, 1872.

**STATIONS PRÉHISTORIQUES DE LA VALLÉE DU RHONE**, en Vivarais, Châteaubourg et Soyons, par MM. le vicomte LEPIC et JULES DE LUBAC. In-folio, avec 9 planches. Chambéry, 1872.

**LES HABITANTS PRIMITIFS DE LA SCANDINAVIE**, essai d'ethnographie comparée, matériaux pour servir à l'histoire du développement de l'homme, par SVEN NILSSON, professeur à l'Université de Lund. — Première partie : **L'Age de la Pierre**, traduit du suédois sur le manuscrit de la troisième édition préparée par l'auteur. 1 vol. grand in-8 (1868), avec 16 planches.

**ÉTUDES PRÉHISTORIQUES SUR LA SAVOIE**, spécialement à l'époque lacustre, âge du bronze, par ANDRÉ PERRIN. In-8, avec atlas grand in-4 de 20 planches lithographiées.

**ANTIQUITÉS SUÉDOISES**, arrangées et décrites par OSCAR MONTELIUS, dessinées par C. F. LINDBERG. Stockholm, 1873.

**OM MAMMEN FUNDET FRA HADENSKABETS SLUTNINGSTID** af J. J. A. WORSAAE. Copenhague, 1869.

**DE QUELQUES ANTIQUITÉS NORVÉGIENNES**, par WORSAAE. Copenhague, 1869.

**OM BETYDNINGEN AF VORE STORE MOSEFUND FRA DEN ALDRE GERNALDER**, ved J. J. A. WORSAAE. Copenhague, 1868.

**PALÉONTOLOGIE DE L'HISTOIRE. — TRAITÉ ILLUSTRÉ D'ARCHÉOLOGIE PRÉHISTORIQUE**, par G. DE MORTILLET, fondateur des Congrès internationaux d'archéologie et d'anthropologie préhistoriques, attaché à la Commission de la Topographie des Gaules et au Musée des antiquités nationales de Saint-Germain. 1 fort volume in-8 jésus, avec planches, cartes et plus de 300 gravures dans le texte, paraissant en plusieurs fascicules. — Le premier concerne les temps tertiaires et les alluvions quaternaires. Le second est consacré aux cavernes. — Prix : 16 fr. pour les souscripteurs qui acquittent leur abonnement directement ; 20 fr. en librairie. Les fascicules seront envoyés *franco* par la poste. — Pour les pays où le prix dépasse 8 centimes les 40 grammes, la souscription est de 18 fr. (*Sous presse.*)

www.ingramcontent.com/pod-product-compliance
Lightning Source LLC
Chambersburg PA
CBHW060939050426
42453CB00009B/1098

* 9 7 8 2 0 1 9 5 5 7 2 4 9 *